筋肉量を増やすボディビルダーのシェーク 50:

全シェーク高タンパク含有

ジョセフ　コレア著

Joseph Correa

公認スポーツ栄養士

著作権

© 2016 Finibi Inc

無断複写・転載を禁じます。

1976年米国著作権法の107項、もしくは108項で許可されている範囲外での、本書の無断複写、転載は違法です。

この刊行物は、主題内容に関して、正確で信頼できる情報を提供するよう意図されています。

著者も発行者も、医療アドバイスは提供はしていないという理解の上で、本書は販売されています。もし医療アドバイスやアシスタントが必要な場合は、医師にご相談下さい。

本書はガイドであり、あなたの健康を損なう方法で使用されるべきではありません。栄養プランを始める前に、医師に相談し、そのプランがあなたに合ったものかご確認下さい。

著者からの挨拶

家族からの動機づけと協力なしには、本書の実現と成功はなかったでしょう。

筋肉量を増やすボディビルダーのシェーク 50:

全シェーク高タンパク含有

ジョセフ　コレア著

Joseph Correa

公認スポーツ栄養士

目次

著作権

著者からの挨拶

著者について

はじめに

筋肉量を増やすボディビルダーのシェーク 50： 全シェーク高たんぱく含有

著者によるその他の作品

著者について

公認スポーツ栄養士として、適切な栄養取得が、身体や精神にポジティブに影響することを心から信じています。何年にもおいて私が健康でいられるのは、私の知識や経験のおかげで、家族や友達にもそれらの知識や経験を共用しています。健康な食事や水分の摂り方を知れば知るほど、自分の食生活や人生をより早く改善したいと思うでしょう。

栄養素は健康で長生きする為の鍵となります。さぁ今日から始めましょう。

はじめに

「筋肉量を増やすボディービルダーのシェーク 50」は、筋肉量を増やす為に、1日のたんぱく質の摂取量を上げるお手伝いをします。これらのシェークは、食生活に豊富な量のたんぱく質を加えることで、計画的な方法で、筋肉量を増やすお手伝いをします。

忙しすぎて正しい食事が摂れないという問題を抱えることがありますが、だからこそ、この本は時間を節約しながら、到達したい目標を達成できるよう体に栄養素を与えることを可能にするのです。自分で作ったり、知っている人に作ってもらうことにより、自分が何を摂取しているのか把握できるようにしましょう。

この本によって:

-筋肉を早くつけられる

-時間を節約できる

-エネルギー量が増える

-長くさらに厳しいトレーニングに耐えられる

-自然に新陳代謝を高め、筋肉量を増やすことができる

ジョセフ　コレアは公認スポーツ栄養士であり、プロのスポーツ選手です。

ボディービルダーのシェーク50

1日目

朝食: オールインワンシェーク

エネルギー, 筋肉増量シェーク

作り方：

全ての材料を一緒にジュースかミキサーで高速で混ぜ、美味しいシェークをお楽しみ下さい。

筋肉をつけるのがどれだけ大変か皆知っています；そしていつもこの問題を解決策を必要としています。このシェークは、筋肉を増量するだけでなく、身体を強くします。1日中いつ飲んでも良いですが、朝食に飲むのをお勧めします。

材料：

- ミルク, 400 ml
- 2杯のホエー たんぱく質 パウダー
- 2本のバナナ 140g
- アーモンドオイル大さじ2杯
- 1個のリンゴ

筋肉量を増やすボディビルダーのシェーク 50

成分表:

- カロリー: 443
- たんぱく質: 32.5 g
- 炭水化物: 45 g
- 脂質: 16 g

2日目

ランチ: 大きくなるシェーク

筋肉増量シェーク

作り方：

全ての材料を一緒にジュースかミキサーで高速で混ぜ、美味しいシェークをお楽しみ下さい。

単純に高い割合のたんぱく質を摂るだけで、筋肉量を増やす秘訣は、たくさん食べて大きくなることです。その目標に到達するには、たくさん努力し、正しい食生活が必要です。このシェークは、そんなあなたの助けになります。

材料：

- ½カップの 甘味を加えていない アーモンド ミルク
- 大さじ2杯のメープルシロップ
- 2本の 冷凍 バナナ
- 1杯 のホエー たんぱく質 パウダー
- 大さじ3杯のアーモンドバター

成分表

- カロリー – 830
- 総l脂質- 30g (アーモンドバターからのヘルシーな脂質)
- 炭水化物 – 115g
- 食物繊維- 14g
- 炭水化物 -101 g
- グルテンフリー
- たんぱく質: 46 g

3日目

朝食: パウダーなし シェーク

筋肉増量シェーク

作り方:

全ての材料を一緒にジュースかミキサーで高速で混ぜ、美味しいシェークをお楽しみ下さい。

この素晴らしいレシピで、最大の効果を得てください。時間がないけれど、栄養摂取のノルマを達成したいなら、この美味しいシェークは1分以内でできます。あなたの身体は、筋肉の為に、特にこのたんぱく質が豊富に含まれたミルクシェークを必要とし、炭水化物とたんぱく質のバランスのとれたこのシェークを飲む以外に、良い方法はありません。

材料:

- アーモンドオイル大さじ2杯
- 大さじ2杯のピーナツバター
- 小さじ½ - 1杯の 蜂蜜
- 中1本の バナナ
- 2カップのミルク
- 2杯の ホエー たんぱく質 パウダー

筋肉量を増やすボディビルダーのシェーク 50

成分表:

- カロリー: 601
- たんぱく質: 49 g
- 炭水化物: 63 g
- 脂質: 25 g

4日目

朝食: コーヒー たんぱく質 シェーク

筋肉増量シェーク

作り方:

全ての材料を一緒にジュースかミキサーで高速で混ぜ、美味しいシェークをお楽しみ下さい。

このシェークは数秒ででき、とても美味しいです。全ての材料を使い、良く混ぜ、トレーニングの後に飲むことを心がけましょう。ジムでの筋力増加は、達成するのが一番困難なことなので、どんな方法も試してみる甲斐があります。

材料:

- 2杯 のホエー たんぱく質 パウダー
- 8オンス のコーヒー
- 8オンスの 脂肪2% ミルク
- 大さじ2杯の キャラメルクリーマー

成分表:

- カロリー: 398

筋肉量を増やすボディビルダーのシェーク 50

- たんぱく質 58.4 g
- 炭水化物 13.4 g
- 脂質 6.4 g

5日目

朝食: ピーナツバターのたんぱく質増量シェーク

筋肉増量シェーク

作り方：

全ての材料を一緒にジュースかミキサーで高速で混ぜ、美味しいシェークをお楽しみ下さい。

このシェークは、ジムでのパフォーマンスや筋力を上げるのに効果があります。食材をミキサーに入れ、滑らかになるまで混ぜます。お好みで、更にカロリーを高くし、体重を増やしたいなら、全乳を使い、ピーナツバターを余分に追加しても良いでしょう。

材料：

- 8オンスの無脂肪ミルク
- 1本のバナナ
- 大さじ1杯のピーナツバター
- 2杯のホエーたんぱく質パウダー

筋肉量を増やすボディビルダーのシェーク 50

成分表

- カロリー 498
- たんぱく質 58 g
- 炭水化物 44.1 g
- 脂質 11 g

6日目

朝食: ピンクスーパー シェーク

筋肉増量シェーク

作り方：

全ての材料を一緒にジュースかミキサーで高速で混ぜ、美味しいシェークをお楽しみ下さい。

大量の体重増加を目指すとき、適切な割合の炭水化物とたんぱく質から、正しい量のカロリーを得ることが大事です。そうすることで、トレーニングに十分なエネルギーと、筋力を増加させるのに十分なたんぱく質を得ることができます。

材料：

- ¾ カップの オーガニック 冷凍 ラズベリー
- 小½ 本のバナナ
- 1 杯 のホエー たんぱく質 パウダー
- 大さじ½ 杯の生のココナツバター
- 5gのグルタミン
- 1 カップ の天然 水

筋肉量を増やすボディビルダーのシェーク 50

成分表

- カロリー: 268
- たんぱく質 : 16.5 g
- 炭水化物: 44.5 g
- 脂質 6.7 g

7日目

朝食: バナナ たんぱく質 シェーク

筋肉増量シェーク

たんぱく質は、筋力増加にとても重要な栄養素です。たんぱく質は、身体が正しく機能するのを助長します。ボディービルディングを実践している人で、もちろん適切なトレーニングをし、ヘルシーな食生活を心がけていると、たんぱく質は筋力増加の助けになります。このシェークは、手軽にでき、豊富なたんぱく質を含みます。

作り方：

全ての材料を一緒にジュースかミキサーで高速で混ぜ、美味しいシェークをお楽しみ下さい。

材料：

- 8オンスの 無脂肪 ミルク
- 1本のバナナ
- ½ カップのオート麦
- 2杯の ホエー たんぱく質 パウダー

筋肉量を増やすボディビルダーのシェーク 50

成分表

- カロリー 554
- たんぱく質 58g
- 炭水化物 67.5g
- 脂質 6g

8日目

朝食: バナナ ベリー たんぱく質 シェーク

体重増加、たんぱく質 シェーク

このシェークは、短期間で、体力と体重の増加するのにもってこいです。ヘルシーで、ナチュラル、そして、毎日のジムのトレーニングに大きな変化を与えるでしょう。さぁ、食材内容と、どんな栄養価があるのかみてみましょう。

作り方：

全ての材料を一緒にジュースかミキサーで高速で混ぜ、美味しいシェークをお楽しみ下さい。

材料：

- 12 オンス の水
- 4 個の氷
- 1 本のバナナ
- 2 杯 の ホエー たんぱく質パウダー

成分表

- カロリー 314

筋肉量を増やすボディビルダーのシェーク 50

- たんぱく質 45.1g
- 炭水化物: 32.1g
- 脂質 2.4g

9日目

朝食: アーモンド と バナナ のサースト

体重増加シェーク

筋力増加のために、このシェークを飲んで、トレーニングの翌日に、パフォーマンスに表れるポジティブな効果を実感して下さい。全ての材料が十分に混ざり合うように、前日の夜に作っても良いです。

作り方：

全ての材料を一緒にジュースかミキサーで高速で混ぜ、美味しいシェークをお楽しみ下さい。

材料：

- 中1本の冷凍 バナナ
- 1カップのプレーン ヨーグルト
- 100 mlの 冷水
- 1オンスのアーモンドパウダー
- 1カップ の生のオート麦

成分表

- カロリー: 650

筋肉量を増やすボディビルダーのシェーク 50

- たんぱく質: 53 g
- 炭水化物: 75 g
- 脂質: 15 g

10日目

ランチ: シナモン たんぱく質 シェーク

筋肉増量 シェーク

このシェークで、脂質の摂取量を抑えながら、筋肉を増量しましょう。このシェークは、1日のいつ飲んでも良いです。

作り方：

全ての材料を一緒にジュースかミキサーで高速で混ぜ、美味しいシェークをお楽しみ下さい。

材料：

- 1カップの 無脂肪 ミルク
- 1本の冷凍 バナナ
- 1杯 のホエー たんぱく質 パウダー
- 大さじ1杯のピーナツバター

成分表

- カロリー: 391
- たんぱく質: 38g

筋肉量を増やすボディビルダーのシェーク 50

- 炭水化物: 42.1g
- 脂質: 10g

11日目

朝食: 増量シェーク

体重増加シェーク

このシェークは、エネルギーを増加させ、筋肉の発達を助長します。いつものジムでのトレーニングを改善するこのシェークを、さぁ、召し上がれ。

作り方：

全ての材料を一緒にジュースかミキサーで高速で混ぜ、美味しいシェークをお楽しみ下さい。

材料：

- 10-14オンスの純水
- 1/2カップの生のアーモンド
- 大1/2本の冷凍バナナ
- 2杯のホエーたんぱく質パウダー

成分表

- カロリー: 380
- たんぱく質: 75 g

筋肉量を増やすボディビルダーのシェーク 50

- 炭水化物: 57 g
- 脂質: 15 g

12日目

朝食: 究極のエネルギーシェーク

体重増加とエネルギーシェーク

もし、もっとエネルギーを得れて、筋肉増加を改善できるドリンクを探しているなら、このシェークを試して下さい。このシェークは、ヘルシーな食材だけを使っています。グリーンティーは、癌の発生を防ぐといい、亜麻は、身体の発達を助けるオメガ3をたくさん含んでいます。

作り方：

全ての材料を一緒にジュースかミキサーで高速で混ぜ、美味しいシェークをお楽しみ下さい。

材料：

- 10オンスの純水
- 10個の苺 (生 または、冷凍)
- 大さじ1杯の亜麻油
- 小さじ1/2杯の グリーンティーパウダー
- 小さじ1/2杯の バニラ エクストラクト
- 1杯のホエー たんぱく質 パウダー

筋肉量を増やすボディビルダーのシェーク 50

成分表

- カロリー: 420
- たんぱく質: 50 g
- 炭水化物: 42 g
- 脂質: 17 g

13日目

ランチ: 桃シェーク

筋肉増量 シェーク

このシェークに含まれる桃は、風味をよくし、カッテージチーズは素晴らしいたんぱく質源で、消化にも優しいです。朝に飲むのが一番最適ですが、いつ飲んでも大丈夫です。

作り方：

全ての材料を一緒にジュースかミキサーで高速で混ぜ、美味しいシェークをお楽しみ下さい。

材料：

- 8 オンスの純水
- 1 個の熟した 桃
- 大さじ2 杯の低脂肪カッテージチーズ
- 黒糖
- 1.5 杯の ホエー たんぱく質 パウダー

筋肉量を増やすボディビルダーのシェーク 50

成分表

- カロリー: 250
- たんぱく質s: 40 g
- 炭水化物: 21 g
- 脂質: 8 g

14日目

朝食: ブルーベリー シェーク

筋肉増量 シェーク

エネルギーを高く維持し、短期間で筋肉を増加するのに十分なたんぱく質を摂取できるこのシェークで、1日をスタートしましょう。ブルーベリーは、癌を防ぐ抗酸化作用があります。

作り方：

全ての材料を一緒にジュースかミキサーで高速で混ぜ、美味しいシェークをお楽しみ下さい。

材料：

- 10 オンスの純水
- 1/2 カップ の生、または 冷凍 ブルーベリー
- 1.5 杯 のホエー たんぱく質 パウダー
- 小さじ2 杯の 亜麻油

成分表

- カロリー: 210 g
- たんぱく質: 39g

筋肉量を増やすボディビルダーのシェーク 50

- 炭水化物: 22 g
- 脂質: 4 g

15日目

朝食: 苺シェーク

筋肉増量シェーク

筋肉を増量しようとしているときに、シェークを飲む以外に早い効果が得られる方法はありません。このシェークは、苺とカッテージチーズの組み合わせが、とても美味しいです。

作り方：

全ての材料を一緒にジューサーかミキサーで高速で混ぜ、美味しいシェークをお楽しみ下さい。

材料：

- 10オンスの純水
- 8個の冷凍 苺
- 大さじ4杯の低脂肪カッテージチーズ
- 1.5杯の ホエー たんぱく質 パウダー

成分表

- カロリー: 310 g
- たんぱく質: 51g

筋肉量を増やすボディビルダーのシェーク 50

- 炭水化物: 27g
- 脂質: 7 g

16日目

朝食: バナナデライト シェーク

筋肉増量 シェーク

今から紹介する食材を組み合わせ、ヘルシーな身体を維持し、筋肉増量効果のある、オメガ3とポタシウムが豊富に含まれたシェークを作りましょう。

作り方：

全ての材料を一緒にジュースかミキサーで高速で混ぜ、美味しいシェークをお楽しみ下さい。

材料：

- 8 オンスの純水
- 1/2 本のバナナ (冷凍)
- 2 杯 のホエー たんぱく質 パウダー
- 小さじ2杯の亜麻油

成分表

- カロリー: 350 g
- たんぱく質: 65g

筋肉量を増やすボディビルダーのシェーク 50

- 炭水化物: 29g
- 脂質: 9 g

17日目

朝食: パイナップルシェーク

筋肉増量シェーク

早い効果を期待でき、且つ、おいしいこの素晴らしいシェークを試してみて下さい。筋肉を増量するのに最適で、免疫システムにも大きく効果を表します。

作り方：

全ての材料を一緒にジュースかミキサーで高速で混ぜ、美味しいシェークをお楽しみ下さい。

材料：

- 1カップ のパイナップル ジュース
- 3個の 苺
- 1本のバナナ
- 小さじ1杯のヨーグルト
- 1杯 のホエー たんぱく質 パウダー

成分表

- カロリー: 340 g

筋肉量を増やすボディビルダーのシェーク 50

- たんぱく質: 63g
- 炭水化物: 27g
- 脂質: 10 g

18日目

朝食: 筋肉シェーク

筋肉増量シェーク

筋肉を大きくするのに、苦戦していませんか？もしそうならば、トレーニングや日常のエネルギーレベルに、即効性の効果を発揮するこのシェークを試してみて下さい。

作り方：

全ての材料を一緒にジュースかミキサーで高速で混ぜ、美味しいシェークをお楽しみ下さい。

材料：

- 1カップの低脂肪ミルク
- 1/2カップのプレーン 低脂肪 ヨーグルト
- 1本のバナナ, スライス
- 大さじ2杯の ホエー たんぱく質 パウダー
- 6個の 苺, スライス
- 小さじ1杯の小麦胚芽
- 小さじ1杯の 蜂蜜 、またはメープルシロップ
- 1/4 カップ の冷凍 ベリー （どの種類でも可）

- 1つまみのナツメグ、もしくはイナゴマメ パウダー

成分表

- カロリー: 600
- たんぱく質: 70g
- 炭水化物: 54g
- 脂質: 15 g

19日目

朝食: オートミールシェーク

筋肉増量シェーク

このシェークは、筋肉量を増やし、心臓を守るのに最適です。このシェークを飲むと、1日中、きびきびと過ごすことができるので、是非お試しあれ。

作り方：

全ての材料を一緒にジュースかミキサーで高速で混ぜ、美味しいシェークをお楽しみ下さい。

材料：

- 2杯の ホエー たんぱく質 パウダー
- 1カップの 無糖バニラアイスクリーム
- 1カップ のオートミール
- 2カップの無脂肪 ミルク
- 1.2カップの 水
- 少々のペッパーミントエクストラクト

筋肉量を増やすボディビルダーのシェーク 50

成分表

- カロリー: 621
- たんぱく質: 65g
- 炭水化物: 58g
- 脂質: 22 g

20日目

ランチ: トロピカルシェーク

筋肉増量シェーク

私が飲んだ中で、1番美味しいと思ったシェークの1つなので、あなたも気に入りはずです。バナナ、パイナップル、ココナッツの組み合わせは、トロピカルな風味を作り、朝、または午前中に最適です。バナナは冷凍でなくても、室温で問題ないですが、トレーニングを終えたあと、冷たい飲み物を好む人は、冷凍でどうぞ。

作り方：

全ての材料を一緒にジュースかミキサーで高速で混ぜ、美味しいシェークをお楽しみ下さい。

材料：

- 8オンスの純水
- 小さじ1/2杯のパイナップル　エクストラクト
- 小さじ1/2杯のココナッツ　エクストラクト
- 小さじ1杯のカッテージチーズ
- 1/2本の冷凍バナナ

筋肉量を増やすボディビルダーのシェーク

成分表

- カロリー: 540
- たんぱく質: 25g
- 炭水化物: 43g
- 脂質: 17g

21日目

ランチ: フルーツシェーク

筋肉増量シェーク

たんぱく質が筋肉の増量と回復の鍵です。このシェークは、いつ飲んでも良いです。このベリーシェークは、歳を重ねると共に効果がある抗酸化物質が含まれており、病気から身体を守り、トレーニングを1週間も休めない人にとっては、とても重要です。

作り方：

全ての材料を一緒にジュースかミキサーで高速で混ぜ、美味しいシェークをお楽しみ下さい。

材料：

- 2杯のミルクたんぱく質パウダー
- 4個の苺、大
- ブルーベリー(少なめの1つかみ)
- 水(数滴)
- 3個の卵

筋肉量を増やすボディビルダーのシェーク 50

成分表

- カロリー: 470
- たんぱく質: 45g
- 炭水化物: 39g
- 脂質: 15g

22日目

朝食: アップルパイ デライトシェーク

筋肉増量シェーク

たんぱく質をより多く摂取する運動選手は、デスクワークをしている人より、筋肉増量の可能性を出来るだけ駆使しているため、より筋肉量を増やすことができます。よって、トレーニングの直前か直後に、このシェークを飲むようにしましょう。リンゴ、シナモン、ナツメグの組み合わせは、他に類をみない特別な風味を作り上げます。

作り方：

全ての材料を一緒にジュースかミキサーで高速で混ぜ、美味しいシェークをお楽しみ下さい。

材料：

- 1杯のホエー たんぱく質 パウダー
- 1個の皮むき、芯抜き リンゴ, 細切れに。
- 1 1/2 カップのミルク
- 小さじ1/2 杯の シナモン
- 小さじ1/2 杯のナツメグ
- 5個の氷

筋肉量を増やすボディビルダーのシェーク 50

成分表

- カロリー: 350
- たんぱく質: 35g
- 炭水化物: 21g
- 脂質: 10g

23日目

朝食: パンプキンシェーク

低炭水化物 シェーク

このシェークは、たんぱく質の宝庫であり、1日中あなたのエネルギーレベルを高く保ってくれます。亜麻油とヨーグルトは、身体全体の機能を高める栄養素を含み、このシェークを飲むことで、カルシウムとオメガ3を豊富に摂ることができます。

作り方：

全ての材料を一緒にジュースかミキサーで高速で混ぜ、美味しいシェークをお楽しみ下さい。

材料：

- 2杯のミルク たんぱく質 パウダー
- 8オンスの 水
- 大さじ1杯の亜麻油
- 小さじ1杯のパンプキンパイスパイス
- 8オンスのヨーグルト
- 4-6個の氷

成分表

- カロリー: 300
- たんぱく質: 40g
- 炭水化物: 26g
- 脂質: 11g

24日目

朝食: シナモン シェーク

筋肉増量シェーク

このシェークは、良いエネルギーを体に与え、筋肉の回復を促進する為、トレーニングをする前、朝に飲むのをお勧めします。

作り方：

全ての材料を一緒にジュースかミキサーで高速で混ぜ、美味しいシェークをお楽しみ下さい。

材料：

- 1 グラハムクラッカー
- 小さじ1/2 杯の シナモン
- バニラ　エクストラクト
- 12オンスの水
- 4 個の氷

成分表

- カロリー: 280

筋肉量を増やすボディビルダーのシェーク 50

- たんぱく質: 10g
- 炭水化物: 15g
- 脂質: 5g

25日目

朝食: ピーナツバター とバナナ シェーク

筋肉増量シェーク

ピーナツバターはたんぱく質とエネルギーの宝庫です。多くの運動選手は、トレーニング前や最中に、ピーナツバターをエネルギー源として摂ります。バナナ とアーモンドの成分は、風味をよくするだけでなく、消化を助けます。

作り方：

全ての材料を一緒にジュースかミキサーで高速で混ぜ、美味しいシェークをお楽しみ下さい。

材料：

- 2杯のホエー たんぱく質 パウダー
- 100gのアーモンド スライス
- 大さじ1杯のピーナツバター
- 500mlの無脂肪 ミルク
- 半分のバナナ
- 大さじ1杯の 蜂蜜

筋肉量を増やすボディビルダーのシェーク 50

成分表

- カロリー: 600
- たんぱく質: 55g
- 炭水化物: 35g
- 脂質: 10g

26日目

朝食: スーパー　ミックス　シェーク

筋肉増量シェーク

新陳代謝レベルによって、ある1定のシェークより、他のシェークのほうが身体にあうことがあります。甘いシェークがお好みの方にとって、このシェークは最適です。お好みにあわせて、キャラメル、ヘーゼルナッツやバニラヨーグルトのように、食材を変えて、味をお好みに変えても構いません。

作り方：

全ての材料を一緒にジューサかミキサーで高速で混ぜ、美味しいシェークをお楽しみ下さい。

材料：

- 10個の氷
- 12オンスの無脂肪ミルク
- 大さじ2杯の無脂肪バニラヨーグルト、またはケフィア
- 大さじ1杯の低脂肪ピーナツバター
- 大さじ2杯のヘーゼルナッツ
- 大さじ1杯のキャラメルアイスクリームトッピング

成分表

- カロリー: 430
- たんぱく質: 23g
- 炭水化物: 20g
- 脂質: 11g

27日目

朝食: リーン　マス　バナナシェーク

筋肉増量シェーク

筋肉増量ダイエットや、習慣に沿って生活している人は、手軽にでき、たんぱく質やその他の栄養素が身体により早く吸収される、筋肉増量シェークをプランに加えることによって、効果をより実感できるでしょう。

作り方：

全ての材料を一緒にジュースかミキサーで高速で混ぜ、美味しいシェークをお楽しみ下さい。

材料：

- 1/2本の冷凍バナナ
- 大さじ2杯のホイップクリーム（ヘビークリームから作るもの、缶のホ一歩クリームはだめ）
- 2個の卵
- 10-12オンスの水
- 4-6個の氷

筋肉量を増やすボディビルダーのシェーク 50

成分表

- カロリー: 320
- たんぱく質: 18g
- 炭水化物: 15g
- 脂質: 9g

28日目

ランチ: スイートブースト シェーク

筋肉増量シェーク

このシェークは、様々な種類の栄養素が含まれており、総合的に豊富なたんぱく質源で、あなたのジムでのパフォーマンスを高めます。

作り方：

全ての材料を一緒にジュースかミキサーで高速で混ぜ、美味しいシェークをお楽しみ下さい。

材料：

- 中から大の1本のバナナ
- 8オンスのライトミルク
- 大さじ1杯の亜麻とアーモンドのミックス
- 小さじ1杯のメープルシロップ
- 数滴のバニラエッセンス、もしくは　エクストラクト
- 3-4個の氷
- 大さじ1杯の低脂肪ナチュラルヨーグルト

筋肉量を増やすボディビルダーのシェーク 50

成分表

- カロリー: 450
- たんぱく質: 19g
- 炭水化物: 16g
- 脂質: 10g

29日目

朝食: オレンジシェーク

筋肉増量シェーク

免疫システムを上げ、筋肉を増量するこのシェークで、1日を始めましょう。このレシピは、苺とオレンジジュースのおかげで、ビタミンCとポタシウムが豊富に含まれ、筋力の早い回復にも効果があります。

作り方：

全ての材料を一緒にジュースかミキサーで高速で混ぜ、美味しいシェークをお楽しみ下さい。

材料：

- 8オンスのオレンジジュース
- 4-5個の氷
- 小さじ1杯のバニラ　エクストラクト
- ½本のバナナ
- 2-3個の冷凍 苺
- 小さじ2杯の蜂蜜

筋肉量を増やすボディビルダーのシェーク 50

成分表

- カロリー: 291
- たんぱく質: 15g
- 炭水化物: 12g
- 脂質: 5g

30日目

朝食: アーモンド シェーク ブラスト

筋肉増量シェーク

オートミール、レーズン、アーモンド、ピーナツバターの組み合わせで、このシェークを飲むと、消化が良くなります。レーズンは風味を良くし、オートミールは他にない食感を楽しませてくれます。

作り方：

全ての材料を一緒にジュースかミキサーで高速で混ぜ、美味しいシェークをお楽しみ下さい。

材料：

- 10-12 オンスの 無脂肪 ミルク
- 1.2 カップ の生のオートミール
- 1.2 カップ のレーズン
- 12 粒のシュレッド アーモンド
- 大さじ1 杯のピーナツバター.

筋肉量を増やすボディビルダーのシェーク 50

成分表

- カロリー: 380
- たんぱく質: 18g
- 炭水化物: 15g
- 脂質: 12g

31日目

朝食: ワイルドベリーシェーク

筋肉増量シェーク

ラズベリーは、ビタミンCと抗酸化物質が高いため、医学関係者には、日常の食事において、抗がんサプリメントとして知られています。このシェークは、筋肉量を増やし、筋力をつけたい人に完璧の食材の組み合わせです。たんぱく質の含有量はすくないですが、毎日摂っている、高たんぱく質のシェークから休憩して、いつものスナックに代えて、これを飲んでもよいでしょう。

作り方:

全ての材料を一緒にジュースかミキサーで高速で混ぜ、美味しいシェークをお楽しみ下さい。

材料:

- 8個の ラズベリー
- 4個の苺
- 15個のブルーベリー
- 16オンス 無脂肪 ミルク
- 1/2 カップの 氷

筋肉量を増やすボディビルダーのシェーク 50

成分表

- カロリー: 210
- たんぱく質: 9g
- 炭水化物: 10g
- 脂質: 8g

32日目

朝食: ピーナツ バナナ シェーク

筋肉増量シェーク

栄養素に関していえば、このシェークは余分のないたんぱく質と複合糖質を豊富に含んでおり、筋肉増加と回復を助長します。トレーニングの30分前に飲むと、トレーニング中のエネルギーが更に上昇します。

作り方：

全ての材料を一緒にジュースかミキサーで高速で混ぜ、美味しいシェークをお楽しみ下さい。

材料：

- ½ カップ のピーナツ
- 1/2本の バナナ
- 1 カップの 無脂肪 ミルク
- 1/4 カップのクエーカーオート麦
- 2個の氷
- 塩1つまみ

成分表

- カロリー: 230
- たんぱく質: 18g
- 炭水化物: 12g
- 脂質: 5g

33日目

朝食: 人参とパイナップルの シェーク

筋肉増量シェーク

このシェークは見た目は悪いかもしれませんが、身体にはとても良いです。お好みによって、食材の量をそれぞれ増やしたり、減らしたりしても構いません。

作り方：

全ての材料を一緒にジュースかミキサーで高速で混ぜ、美味しいシェークをお楽しみ下さい。

材料：

- 1カップ のチョコレート ミルク
- 3/4カップのシュレッド　人参
- 10個の 冷凍パイナップル、細切れ
- 小さじ2杯の甘味がついていないシュレッドココナッツ
- 小さじ1杯のバニラ
- 小さじ1杯のスイートクリーム
- 4オンスのヌシャテルチーズ、またはクリームチーズ

筋肉量を増やすボディビルダーのシェーク 50

成分表

- カロリー: 220
- たんぱく質: 21g
- 炭水化物: 13g
- 脂質: 13g

34日目

ランチ: パンプキンシェーク

筋肉増量シェーク

筋肉と筋力の増加に最適で、十分な量のたんぱく質を摂取しながら、ユニークな味わいをお楽しみ下さい。筋肉回復と筋肉増加に、もってこいのサプリメントです。

作り方：

全ての材料を一緒にジュースかミキサーで高速で混ぜ、美味しいシェークをお楽しみ下さい。

材料：

- 3/4 カップのミルク (お好みの種類で可)
- 1/4 カップの缶詰のパンプキン
- 大さじ1 杯のパンプキンパイ味のシロップ
- 小さじ1/2 杯のパンプキンパイスパイス
- 10個の氷

成分表

- カロリー: 235

筋肉量を増やすボディビルダーのシェーク 50

- たんぱく質: 20g
- 炭水化物: 17g
- 脂質: 1.5g

35日目

朝食: ブルーベリー リンゴ シェーク

エネルギー 増加 シェーク

高いエネルギーレベルを維持できるようになるのが、このシェークの目標です。また、余分のないたんぱく質も含まれるため、少し疲れた日や、もう少し頑張りたい日にも、最適です。

作り方：

全ての材料を一緒にジュースかミキサーで高速で混ぜ、美味しいシェークをお楽しみ下さい。

材料：

- 1/2 個のリンゴ 小、（皮付きで細切れ）
- 1/2 カップ のチェリー （ダーク、スイート、種なし）
- 1/2 カップ のブルーベリー
- 大さじ4杯の 小麦の胚芽
- 氷 (お好みで)
- 1/2 カップ のホエー たんぱく質

筋肉量を増やすボディビルダーのシェーク 50

成分表

- カロリー:300
- たんぱく質: 39g
- 炭水化物: 18g
- 脂質: 5g

36日目

朝食: チェリー バナナ

エネルギー 増加シェーク

2つのとても美味しい食材が、このシェーク1つに含まれます。チェリーとバナナは、大量のたんぱく質を摂取した身体が必要とする、食物繊維の宝庫です。朝晩問わず、トレーニングの前に飲んでください。

作り方：

全ての材料を一緒にジュースかミキサーで高速で混ぜ、美味しいシェークをお楽しみ下さい。

材料：

- 1/2 カップ のチェリー　（ダーク、スイート、種無し）
- 1/2 カップ のバナナ
- 大さじ4 杯の小麦の胚芽
- 氷 (お好みで)
- 1/2 カップの ホエー たんぱく質

筋肉量を増やすボディビルダーのシェーク 50

成分表

- カロリー:300
- たんぱく質: 39g
- 炭水化物: 18g
- 脂質: 5g

37日目

朝食: 卵好きのシェーク

筋肉増量シェーク

たんぱく質パウダーなしでも、十分な量のたんぱく質を筋肉増量シェークから摂ることができます。ヒヨコマメが、色合いを緑色に変えますが、味には影響ありません。このシェークは、たんぱく質と炭水化物の素晴らしい組み合わせでできています。

作り方：

全ての材料を一緒にジュースかミキサーで高速で混ぜ、美味しいシェークをお楽しみ下さい。

材料：

- 4個の卵白
- 1/2カップのカッテージチーズ
- 1本のバナナ
- 1/4カップのヒヨコマメ
- パイナップルスライス
- ココナツミルク

筋肉量を増やすボディビルダーのシェーク 50

- ココナツエクストラクト　（お好みで）
- 氷

成分表

- カロリー:280
- たんぱく質: 25g
- 炭水化物: 40g
- 脂質: 4g

38日目

朝食: 高たんぱく質シェーク

筋肉増量シェーク

ジムでのパフォーマンスを上げるために、毎日のたんぱく質摂取量を上げましょう。このシェークは、高たんぱく質で、とても美味しいです。

作り方：

全ての材料を一緒にジュースかミキサーで高速で混ぜ、美味しいシェークをお楽しみ下さい。

材料：

- 1/2 カップの水
- 1杯のホエーたんぱく質パウダー
- 大さじ2杯の蜂蜜
- 大さじ1杯のスムーズピーナツバター
- 1/2 カップの氷

成分表

- カロリー:114

筋肉量を増やすボディビルダーのシェーク 50

- たんぱく質: 34g
- 炭水化物: 5.2g
- 脂質: 4.5g

39日目

朝食: フルーツミックス シェーク

筋肉増量シェーク

このシェークは、簡単に朝ごはんの代わりとなり、身体が必要とする十分な量の食材が含まれています。良い朝をスタートするのに、身体が必要とするたくさんの栄養素も含んでいます。また、トレーニング中に十分なエネルギーと活力を得れるよう、たんぱく質と炭水化物も豊富です。

作り方:

全ての材料を一緒にジュースかミキサーで高速で混ぜ、美味しいシェークをお楽しみ下さい。

材料:

- 1/2 本の バナナ、細切れ
- 1/2 カップ の苺、細切れ
- 1 個の リンゴ、小
- 1 個のスモモ
- 1 カップ のチョコレートミルク
- 大さじ 1 杯のスムーズピーナツバター

筋肉量を増やすボディビルダーのシェーク 50

- 1杯のホエーたんぱく質パウダー

成分表

- カロリー:700
- たんぱく質: 46g
- 炭水化物: 90g
- 脂質: 20g

40日目

朝食: チョコシェーク

筋肉増量シェーク

ジムでのパフォーマンスと、筋肉量の増加を促すシェークが、ダークチョコレートと適切な食材の組み合わせで出来ます。

作り方：

全ての材料を一緒にジュースかミキサーで高速で混ぜ、美味しいシェークをお楽しみ下さい。

材料：

- 1枚のダークチョコレートバー
- 4個の卵
- 3カップのミルク
- 1杯のホエーたんぱく質パウダー

成分表

- カロリー: 290
- たんぱく質: 45g

筋肉量を増やすボディビルダーのシェーク 50

- 炭水化物: 37g
- 脂質: 19g

41日目

朝食: 全ての味わいシェーク

筋肉増量シェーク

このシェークは、身体が必要とするたんぱく質と食物繊維の宝庫です。筋肉量を上げようとトレーニングする人にとって、筋肉を大きくするだけでなくエネルギーも上げる豊富な栄養素やビタミンが含まれています。

作り方：

全ての材料を一緒にジュースかミキサーで高速で混ぜ、美味しいシェークをお楽しみ下さい。

材料：

- 葡萄, 4粒, 種無し
- ブラックベリー, 生, 0.5 グラム
- ブルーベリー, 生, 25 粒
- 苺, 生, 0.5 グラム
- パイナップル, 生, 1 スライス, 細く (3-1/2インチ直径 x 1/2インチの厚み)
- リンゴ, 生, 10 グラム

筋肉量を増やすボディビルダーのシェーク 50

- ヨーグルト, プレーン, 低脂肪, 0.5 容器 (4 オンス)
- ケール, 0.5 グラム
- ブロッコリー, 生, 1 房
- オレンジ, 0.5 グラム
- 1 杯の ホエー たんぱく質 パウダー

成分表

- カロリー: 280
- たんぱく質: 48g
- 炭水化物: 31g
- 脂質: 4.2g

42日目

朝食:　目を覚ますシェーク

筋肉増量シェーク

朝はこのシェークでスタートしましょう。高エネルギーはこのシェークの特徴ですが、それだけでなく、筋肉増量にも効果があります。

作り方:

全ての材料を一緒にジュースかミキサーで高速で混ぜ、美味しいシェークをお楽しみ下さい。

材料:

- 1本の生の バナナ, 中
- 2人前(60グラム)　オートフレーク
- 大さじ1-2杯のピーナツバター, スムーズ
- 1カップ(250 ml)の プレーンヨーグルト, 低脂肪(0% - 1.5%)
- 大さじ0.5杯(か、それ以下)のシナモンパウダー

成分表

- カロリー:650

筋肉量を増やすボディビルダーのシェーク 50

- たんぱく質: 28g
- 炭水化物: 85g
- 脂質: 10g

43日目

ランチ: マンゴタンゴ シェーク

筋肉増量シェーク

　食物繊維が高く、脂質が低い為、このシェークは他のシェークに加えて、同じ日に2杯目のシェークとして、飲んでもいいです。このシェークは、ジムでの倦怠感を抑えたり、パフォーマンスを上げたりしてくれます。

作り方：

全ての材料を一緒にジュースかミキサーで高速で混ぜ、美味しいシェークをお楽しみ下さい。

材料：

- 2個の苺, 大、生、または冷凍
- 10粒のブルーベリー, 生、または冷凍
- 1カップ のオレンジ ジュース
- 1/2個のマンゴー、生、または冷凍
- 1杯のミルク たんぱく質 パウダー

筋肉量を増やすボディビルダーのシェーク 50

成分表

- カロリー:250
- たんぱく質: 30.5g
- 炭水化物: 52g
- 脂質: 8.4g

44日目

朝食: パイナップル とみかんのシェーク

筋肉増量シェーク

筋肉量を上げるのに、秘密はありません。トレーニングをし、正しい食生活を心がるだけです。トレーニング中に、十分なエネルギーがないと、奮闘する羽目になります。強い筋肉を作ろうとトレーニングしているときは、エネルギー源となる食材を摂ることで、パフォーマンスに大きな変化を与えます。

作り方:

全ての材料を一緒にジュースかミキサーで高速で混ぜ、美味しいシェークをお楽しみ下さい。

材料:

- 1/2 カップ のパイナップル, 冷凍 細切れ
- 1/2 カップのみかん、缶詰
- 小さじ2 杯の蜂蜜
- 1 杯の ホエー たんぱく質 パウダー

筋肉量を増やすボディビルダーのシェーク 50

成分表

- カロリー:150
- たんぱく質: 39g
- 炭水化物: 17g
- 脂質: 11g

45日目

朝食: ピーナツバター リンゴ シェーク

筋肉増量シェーク

シェークは、筋肉量を増やすのに必要なカロリーとエネルギーの宝庫です。この美味しいシェークのレシピは、筋肉量を増加させ、エネルギーレベルを高く維持するお手伝いをします。

作り方：

全ての材料を一緒にジュースかミキサーで高速で混ぜ、美味しいシェークをお楽しみ下さい。

材料：

- 3/4 カップ のプレーンかバニラヨーグルト
- 大さじ2 杯のピーナツバター
- 1本の バナナ
- 1/8 カップの ミルク
- 3/4 カップの 氷
- 1 個のリンゴ

筋肉量を増やすボディビルダーのシェーク 50

成分表

- カロリー:440
- たんぱく質: 22g
- 炭水化物: 50g
- 脂質: 19g

46日目

朝食: バナナ スーパーシェーク

筋肉増量シェーク

バニラ アーモンド ミルクが、このシェークを素晴らしい たんぱく質 シェークにします。食生活のバランスに乱れを生じさせることなく、筋肉量増加を促進します。お好みで、加えるシナモンの量を減らしたり、失くしたりしても良いです。

作り方：

全ての材料を一緒にジュースかミキサーで高速で混ぜ、美味しいシェークをお楽しみ下さい。

材料：

- 1/2 カップの バニラアーモンド ミルク
- 1/2 カップ の水
- 1/2 本のバナナ
- 1つまみのシナモン
- 1杯 のバニラたんぱく質 パウダー

筋肉量を増やすボディビルダーのシェーク 50

成分表

- カロリー:350
- たんぱく質: 43g
- 炭水化物: 25g
- 脂質: 5g

47日目

朝食:ダークオート麦のパワーシェーク

筋肉増量シェーク

ダークチョコレート、カッテージチーズ、オートミールの組み合わせが、消化を良くし、心臓を強くするだけでなく、筋肉の発達を上げ、ジムで必要となるエネルギーレベルの上昇を手助けします。

作り方:

全ての材料を一緒にジュースかミキサーで高速で混ぜ、美味しいシェークをお楽しみ下さい。

材料:

- 1/2 カップ のカッテージチーズ (もしくは、1 カップのギリシャ風ヨーグルト)
- 1/2 - 1 カップ の水 (お好みの濃度に合わせて)、またはミルク
- 10g のダークチョコレート
- ½ カップ の生のオート麦
- 1/2本の バナナ
- 1 杯 のホエー たんぱく質 パウダー

筋肉量を増やすボディビルダーのシェーク 50

成分表

- カロリー:150
- たんぱく質: 40g
- 炭水化物: 20g
- 脂質: 8g

48日目

朝食: ミルク たんぱく質 シェーク

筋肉増量シェーク

筋肉量を増やし、維持するには、トレーニングに耐えられる量のエネルギーを作り出し、筋肉が完全に発達できるだけの栄養素を与える炭水化物とたんぱく質の摂取量を増やさなければいけません。

作り方：

全ての材料を一緒にジュースかミキサーで高速で混ぜ、美味しいシェークをお楽しみ下さい。

材料：

- 1 杯 のミルク たんぱく質 パウダー
- 1/2本の バナナ
- 1/2 カップの アーモンド スライス
- 8 オンスの ミルク
- 3 個の氷

筋肉量を増やすボディビルダーのシェーク 50

成分表

- カロリー:335
- たんぱく質: 31g
- 炭水化物: 25g
- 脂質: 18g

49日目

朝食: アボカドシェーク

筋肉増量シェーク

野菜入りのたんぱく質シェークは、一般的ではないですが、食生活と身体に与える素晴らしい栄養素を考えると、もっと一般的になるべきです。アボカドは、"素晴らしい食物"といわれ、身体にとても良いです。

作り方：

全ての材料を一緒にジュースかミキサーで高速で混ぜ、美味しいシェークをお楽しみ下さい。

材料：

- 1/2個のアボカド
- 大さじ1杯のシュレッド　ココナッツ
- 1カップのアーモンドミルク
- 1杯のホエーたんぱく質パウダー

成分表

- カロリー:300

筋肉量を増やすボディビルダーのシェーク 50

- たんぱく質: 35g
- 炭水化物: 20g
- 脂質: 8g

50日目

朝食: ベリーベリーシェーク

筋肉増量シェーク

ベリーとたんぱく質の完璧な組み合わせで、筋肉の増量と回復を1度に楽しめるシェークです。トレーニングをハードにし、効果を実感したい人にとってこのシェークは、味も素晴らしく、効果も覿面です。

作り方:

全ての材料を一緒にジュースかミキサーで高速で混ぜ、美味しいシェークをお楽しみ下さい。

材料:

- ½カップの 苺
- ¼カップ のミックスベリー(ラズベリー, ブルーベリー とブラックベリー)
- ¼カップ のオーガニック ざくろ ジュース
- ¼カップ のオーガニック 葡萄 ジュース
- 1つかみのスライスアーモンド （トッピング用）
- 1杯の ホエー たんぱく質 パウダー

筋肉量を増やすボディビルダーのシェーク 50

成分表

- カロリー:200
- たんぱく質: 31g
- 炭水化物: 19g
- 脂質: 1g

著者によるその他の作品

体重を減らすジュースレシピ 50:

10 日以内に痩せる方法

癌予防、癌と闘うジュースレシピ 55:

免疫力を高め、消化を良くし、より健康になる方法

www.ingramcontent.com/pod-product-compliance
Lightning Source LLC
Chambersburg PA
CBHW070153080526
44586CB00015B/1967